Du même auteur chez Québec Amérique

SÉRIE MATHIEU

Le Secret de Mathieu, coll. Mini-bilbo, 2000.

Mathieu le héros, coll. Mini-bilbo, 2002.

La Vengeance du seigneur Gaspard, coll. Mini-bilbo, 2003.

L'Ingénieuse Clothilde

TEXTE ET ILLUSTRATIONS :
JEAN BERNÈCHE

QUÉBEC AMÉRIQUE Jeunesse

Données de catalogage avant publication (Canada)

Bernèche, Jean
L'Ingénieuse Clothilde
(Mathieu; 4)
(Mini-Bilbo; 25)
Pour enfants de 6 ans et plus.
ISBN 2-7644-0373-9
I. Titre. II. Collection: Bernèche. Mathieu: 4. III. Collection: Mini-Bilbo; 25.
PS8553.E742I53 2004 jC843'.6 C2004-941208-6
PS9553.E742I53 2004

Conseil des Arts du Canada | Canada Council for the Arts

SODEC Québec

Nous reconnaissons l'aide financière du gouvernement du Canada par l'entremise du Programme d'aide au développement de l'industrie de l'édition (PADIÉ) pour nos activités d'édition.

Gouvernement du Québec – Programme de crédit d'impôt pour l'édition de livres – Gestion SODEC.

Les Éditions Québec Amérique bénéficient du programme de subvention globale du Conseil des Arts du Canada. Elles tiennent également à remercier la SODEC pour son appui financier.

Québec Amérique
329, rue de la Commune Ouest, 3e étage
Montréal (Québec) H2Y 2E1
Téléphone: (514) 499-3000, télécopieur: (514) 499-3010

Dépôt légal: 3e trimestre 2004
Bibliothèque nationale du Québec
Bibliothèque nationale du Canada

Prémaquette: Jean Bernèche
Révision linguistique: Diane Martin et Danièle Marcoux
Mise en pages: Andréa Joseph [PageXpress]

www.quebec-amerique.com

Imprimé au Canada

À l'ingénieuse famille
Simon-Dessureault : Danielle,
Yves, Lysandre et Arianne

1
À l'atelier

Un matin, Mathieu, le jeune tailleur, se précipite dans son atelier de couture. Encore tout essoufflé, il entend son amie Clothilde l'araignée s'exclamer :

—Que se passe-t-il ?

—Je suis très inquiet. J'ai entendu dire que des paysans sont à la recherche d'une mystérieuse araignée qui parle et qui accomplit des choses prodigieuses. Notre secret a-t-il été révélé ?

—Je ne le sais pas, Mathieu. Sûrement pas par mes collègues : elles sont trop discrètes et ce n'est pas dans leur intérêt de dévoiler que nous brodons pour toi.

—D'où vient la fuite ?

—Peu importe, il faut agir. Je réunis toutes les araignées du château immédiatement, conclut Clothilde.

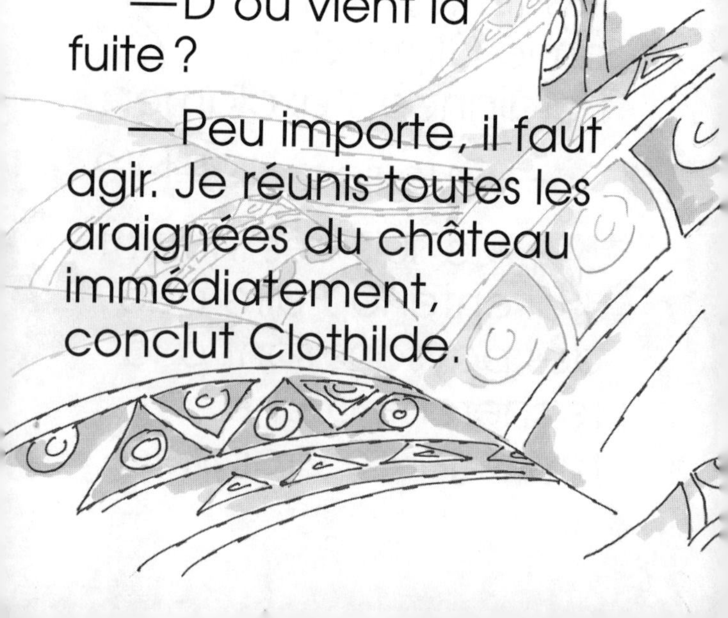

2
Le lendemain

Le lendemain, Mathieu est demandé par le roi Alexandre.

—Vous voulez me voir, votre digne majesté ?

—C'est à propos d'une rumeur invraisemblable qui circule au château et cette histoire m'agace au plus haut point.

—Quelle rumeur, sire ?

—On dit qu'une araignée dotée de dons extraordinaires se cache au château.

—Surprenant ! reprend le jeune tailleur, qui n'ose pas mentir au roi. Je me renseigne à ce sujet et je vous rapporte la vérité, sire.

3
À l'écurie du roi

Pendant ce temps, à l'écurie du roi, une voix s'élève :

— Fais donc attention ! Tu ne vois pas que tu me fais mal ?

Octave, le forgeron, tourne la tête de tous les côtés. Personne, ni à droite, ni à gauche, ni devant, ni derrière. Il se remet donc à l'ouvrage.

—Puisque je te
dis que tu me fais mal!

—Mais qui parle?

—C'est moi, Arthur,
le cheval du roi.

Éberlué, Octave s'approche de la tête de l'animal. Surpris par ce qu'il voit, le forgeron blêmit aussitôt, ses yeux deviennent ronds comme des billes, la sueur coule sur son front. Il laisse tomber son marteau et court chez le roi Alexandre.

— Je dois voir le roi... de... toute... urgence !

Des soldats accompagnent alors le pauvre homme.

—Votre digne majesté, c'est incroyable! Votre cheval Arthur parle! s'écrie le forgeron.

—Ah non! Pas une autre histoire invraisemblable!

—Sire, venez le constater, votre cheval cause comme vous et moi.

—Allons-y de ce pas!

Mais le roi Alexandre n'a pas fini de prononcer

ces mots que Joséphine la fermière se présente devant lui :

— Sire, sire, Georgette, votre poule préférée, converse depuis tantôt. Elle me demande si je veux des œufs à la coque, tournés ou brouillés !

— Ma parole, tout le monde est tombé sur la tête ! s'écrie le roi.

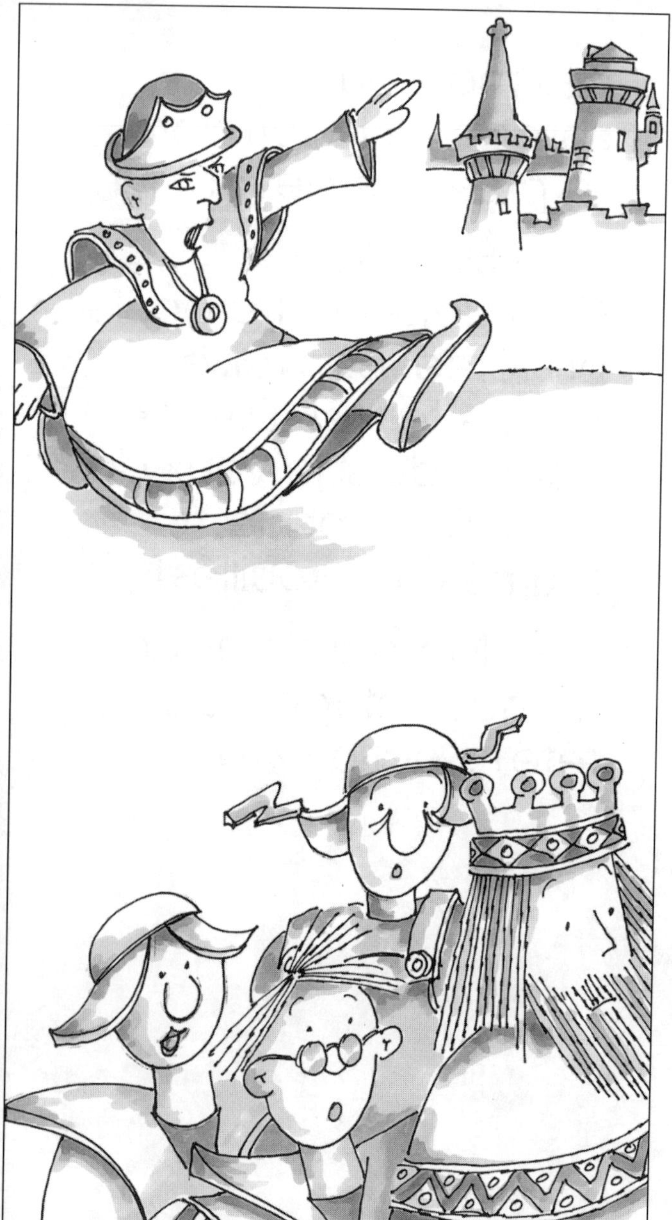

4
En chemin

Accompagné de la fermière, du forgeron et de Mathieu, le roi Alexandre se dirige vers l'écurie royale. En route, ils sont arrêtés par le ministre du Bavardage qui s'exclame :

— Votre digne majesté, venez vite ! Les habitants ne travaillent plus. Ils sont à quatre pattes dans leurs prés à essayer de faire parler leurs bêtes. Il y en a même qui les invitent à leur table.

Le roi se tourne vers le forgeron et sa femme Joséphine, puis les interroge :

— Avez-vous raconté

cette histoire de «poule parlante» à quelqu'un?

—Non, dit Joséphine, seulement à ma mère, à ma belle-mère, à ma fille... mais à personne d'autre!

—Si bien que tout le monde le sait, reprend le roi exaspéré. Vite, réunissons d'urgence le conseil de sécurité!

5

De retour à l'atelier

En attendant que le conseil se réunisse, Mathieu retourne à l'atelier prévenir les araignées de la raison de son absence.

—C'est toi, Clothilde, qui a manigancé tout cela?

—Oui, Mathieu. Pendant que des camarades chatouillaient les lèvres du cheval, j'imitais sa voix. Nous nous sommes bien amusées, de même qu'avec la poule : « Des oeufs à la coque, tournés ou brouillés, madame ? »

—Tu ne te rends pas compte que tu as créé tout un émoi au château.

—Oui, mais pendant ce temps, on a oublié les araignées.

—Je comprends. Tu dois protéger tes compagnes avant tout. Mais qu'adviendra-t-il de la réputation du forgeron et de celle de sa femme Joséphine ?

Tout le monde les croira fous. Tantôt, je participe au conseil de sécurité. Il faut trouver une solution pour sauver l'honneur de ces braves gens.

6

Au conseil de sécurité

Les principaux ministres sont réunis : le ministre des Choses inutiles, le ministre des Finances, le ministre des Affaires sociales, le ministre du Bavardage ainsi que Mathieu, le ministre de la Paix et de la Couture.

— Messieurs, dit le roi, l'heure est grave. Les animaux parlent.

Les habitants ne travaillent plus. Le royaume est la raillerie de tous. Que faire pour arrêter ce fléau ?

—Il faut organiser un grand événement, dit Mathieu. Réunissons tous nos gens et ceux des châteaux environnants. Devant tous, nous amènerons le cheval d'Octave et la poule de Joséphine. S'ils parlent, nous en serons tous témoins. S'ils ne parlent pas, notre problème sera résolu.

Le roi et tous ses ministres donnent leur accord à cette idée. L'invitation se répand comme une traînée de poudre.

7

Le grand rassemblement

Trois jours plus tard, dans la grande cour du château, des rois, des reines et des habitants venus de partout sont rassemblés. Devant eux, il y a Octave le forgeron, sa femme Joséphine, le cheval Arthur et la poule Georgette.

—Alors, vaillante fermière et courageux forgeron, vous

prétendez que mon cheval et ma poule parlent comme vous et moi. Pouvez-vous nous le démontrer sur-le-champ ? leur demande le roi Alexandre.

— Arthur, répète aux gens ce que tu m'as dit à la forge, ordonne Octave.

Un grand silence se fait entendre.

— Georgette, ma poule préférée, répète à tous ce que tu m'as dit, supplie la fermière.

Les animaux restent muets.

Après plus d'une heure d'essais infructueux, le roi, irrité, se lève :

—N'abusez pas de ma patience. Nous constatons tous que ce cheval et cette poule n'ont rien à dire.

Et, pour arrêter toutes les rumeurs qui circulent au sujet des arachnides, le roi ajoute d'un ton moqueur :

—Y aurait-il dans l'assistance quelqu'un qui posséderait une araignée dotée du don de la parole ?

Et la foule demeure silencieuse, honteuse d'avoir cru à la rumeur des araignées parlantes.

—J'espère que cette histoire d'animaux et d'araignée s'arrête ici et que le travail reprendra immédiatement, conclut le roi. Quant à vous, forgeron et fermière, je vous...

—Permettez-moi de vous interrompre à titre de ministre de la Paix, implore le tailleur. Congédier ces braves ouvriers serait une erreur, sire. Si votre forgeron et votre fermière entendent des voix, la fatigue excessive en est peut-être la cause. Ces gens ne méritent-ils pas des vacances ?

Le roi Alexandre réfléchit un instant, puis profite de l'occasion pour montrer aux autres souverains qu'il est un bon roi :

—En remerciement de toutes ces années de loyaux services et pour que le calme revienne dans mon royaume, je vous offre, fidèle fermière et fidèle forgeron, une semaine de repos au château.

8

Chez le roi

Le lendemain matin, Mathieu est convoqué par le roi.

—Mon cher ministre de la Paix et de la Couture, grâce à vous, cette histoire se termine bien. Les habitants sont retournés au travail. On ne parle plus de tous ces animaux pourvus de dons extraordinaires.

Mais un doute reste dans mon esprit. Qu'y a-t-il derrière la porte de votre atelier ?

—Des vêtements, sire Alexandre, vos vêtements.

—Je dois le visiter. Je ferai taire ainsi les ragots qui prétendent que des milliers d'araignées s'y cachent.

—Sire, les portes de mon atelier vous sont grandes ouvertes, reprend Mathieu, mais un petit ménage s'impose avant votre visite royale.

—Très bien, nous serons là après le dîner !

Sans perdre une minute, Mathieu court à l'atelier prévenir ses amies.

—On ne peut pas déplacer le travail de milliers et de milliers

d'arachnides si rapidement ! s'exclame Clothilde.

— Le roi insiste. Que faire ?

— Tu vas gagner du temps en révélant un secret au ministre du Bavardage. Confie-lui que tu prépares une surprise pour l'anniversaire du roi. Cela distraira le couple royal et sa cour. De mon côté, je demande aux araignées de rembobiner leurs toiles et de les cacher dans notre armoire, conclut Clothilde. Vite, il faut faire vite !

9

La visite du roi

À la fin de l'après-midi, Mathieu tourne sa précieuse clé dans la serrure de la porte de son atelier et invite le roi à entrer. Le monarque et sa suite s'introduisent dans la pièce suivis du ministre du Bavardage, du ministre de la Poussière ainsi que de la fermière et du forgeron. Les lieux sont impeccables.

De somptueux vêtements accrochés au-dessus des tables de travail ornent la place.

—C'est splendide! s'exclame le roi.

Tous acclament les propos de sa majesté en frappant du talon sur le sol comme le veut la coutume au château. Mathieu est ravi mais inquiet, puisque de nombreuses araignées se cachent dans les fentes du plancher et dans les vêtements suspendus.

Le regard du monarque est soudainement attiré par le seul meuble clos de l'atelier.

—Qu'y a-t-il dans cette armoire ? demande le roi.

Voilà le tailleur bien embêté. Comment peut-il empêcher le roi et sa suite de regarder dans le meuble où se dissimule la majorité des arachnides ?

—Sire, cette armoire renferme mes outils les plus précieux et les vêtements auxquels je

travaille en secret. Vous voulez révéler à tous mes plus récentes créations ?

— Reculez ! Je vais être le seul à y regarder.

La cour recule de trois pas. Le roi avance d'un pas. La sueur perle sur le front de Mathieu.

— À vrai dire, sire, il s'agit d'un... d'un... d'un cadeau pour votre anniversaire de naissance, bégaie le tailleur en retenant fermement la porte de l'armoire.

Clothide, cachée dans les cheveux du

tailleur, descend immédiatement dans son oreille et lui murmure :

— Ne provoque pas le roi, suggère-lui d'ouvrir le meuble lui-même. Tu verras, il changera d'idée.

Mathieu suit les conseils de son amie.

L'invitation du tailleur rassure tout de suite le roi Alexandre. Le monarque a entendu les confidences du ministre du Bavardage au sujet d'une fameuse surprise. Flatté par l'intention de Mathieu, il ne veut pas l'offenser et lui accorde toute sa confiance en s'éloignant de l'armoire.

Tout à coup, un vacarme épouvantable suivi de bruits de casseroles et de cris effroyables provient de la cuisine située trois étages plus bas :

— Des souris ! Des centaines de souris ! hurlent les cuisiniers.

Le roi, consterné par tout ce qui arrive, ne pense qu'à quitter

l'endroit. Il se retourne vers la cour et ajoute :

—Constatez, mesdames, messieurs, qu'aucune araignée malfaisante ne séjourne en ces lieux. Et, étant donné l'importance du travail qu'on y exerce, j'ordonne que l'accès à cet atelier soit interdit sans l'autorisation de notre bon Mathieu.

L'assistance, elle aussi très bouleversée, se plie sans hésiter aux ordres du roi et court prêter main-forte aux cuisiniers.

10
En secret

Mathieu referme la porte de l'atelier à double tour derrière le roi et sa suite. Les milliers d'araignées sortent alors des manches, des doublures, des cols des vêtements suspendus, des tiroirs, des planchers et des rideaux.

—Nous l'avons échappé belle ! s'exclame Mathieu à

voix basse en ouvrant la porte du bahut.

—Nous sommes les précieux outils de ton armoire, si je comprends bien, s'écrie Clothilde.

—Vous êtes surtout mes plus précieuses amies.

Puis, le jeune tailleur repense aux derniers événements :

—Clothilde, les souris dans la cuisine, est-ce encore l'une de tes inventions ?

—Il y a toujours eu des souris dans la

cuisine. Les araignées les ont simplement aidées à sortir de leur cachette en les mordant hi... hi... hi...

Mathieu n'est pas mécontent du dernier stratagème de Clothilde. La présence de tous ces invités menaçait la vie des arachnides.

— Et puis, le roi pourra profiter de l'occasion pour ordonner un grand ménage! songe le tailleur.

11
La fête

La nuit venue, après avoir réinstallé leurs toiles dans l'atelier, les araignées fêtent la paix retrouvée. Elles organisent des concours du fil le plus fin, du fil le plus résistant, du fil qui se défile. À l'autre bout de la boutique, elles participent à des compétitions de broderie avec des matériaux divers.

Elles ont même disposé des toiles élastiques en guise de trampolines pour amuser les enfants araignées.

Par contre, Mathieu et Clothilde n'ont pas le temps de s'amuser. Ils doivent confectionner le cadeau promis au roi!

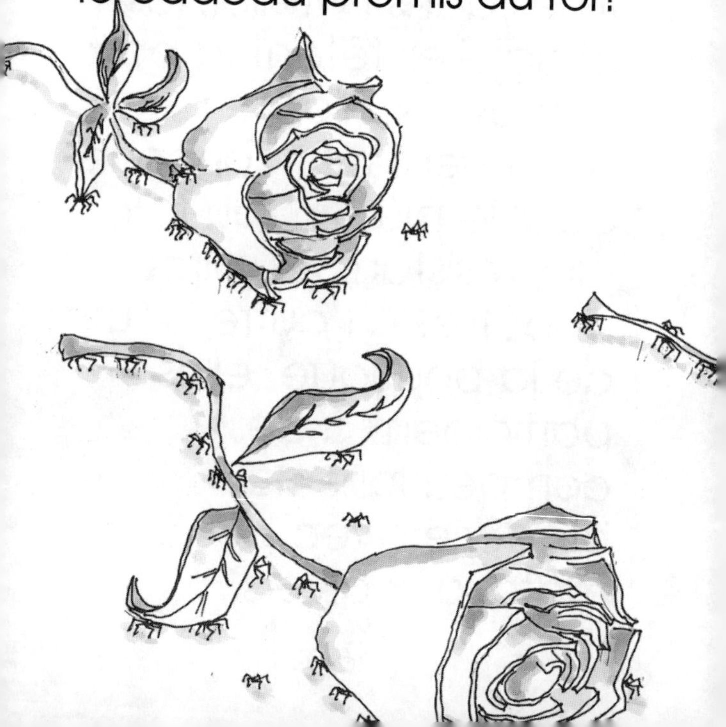

Pour les remercier d'avoir une fois de plus protégé le royaume des araignées, chaque famille arachnéenne leur présente une magnifique fleur brodée.

—Tout est bien qui finit bien ! Les araignées pourront continuer de travailler en sécurité au château, dit Mathieu.

—Mais nous ne savons toujours pas qui a révélé notre secret, précise Clothilde d'un air inquiet.

Depuis lors, les araignées ont retrouvé leur tranquillité dans l'atelier du tailleur. Mais un doute qu'il faudra résoudre subsiste dans leur esprit.

Si tu rencontres une araignée et que tu as

appris qui a révélé le secret, peux-tu la prévenir ?

À venir :

Qui a révélé le secret ?

Une fiche pédagogique
accompagne ce titre.

Vous pouvez vous la procurer
auprès de votre libraire
ou sur notre site Internet
à la section jeunesse/
matériel pédagogique.

www.quebec-amerique.com